BEI GRIN MACHT SICH IHR WISSEN BEZAHLT

- Wir veröffentlichen Ihre Hausarbeit, Bachelor- und Masterarbeit

- Ihr eigenes eBook und Buch - weltweit in allen wichtigen Shops

- Verdienen Sie an jedem Verkauf

Jetzt bei www.GRIN.com hochladen und kostenlos publizieren

Alexander Schwalm

Kostenrechnungsformeln

Gewinnberechnung, Abschreibungen, Bestandsbewertung, Betriebsabrechnungsbogen uvm.

GRIN Verlag

Bibliografische Information der Deutschen Nationalbibliothek:

Die Deutsche Bibliothek verzeichnet diese Publikation in der Deutschen National-
bibliografie; detaillierte bibliografische Daten sind im Internet über http://dnb.d-
nb.de/ abrufbar.

Impressum:

Copyright © 2013 GRIN Verlag GmbH
Druck und Bindung: Books on Demand GmbH, Norderstedt Germany
ISBN: 978-3-656-72034-8

Dieses Buch bei GRIN:

http://www.grin.com/de/e-book/277765/kostenrechnungsformeln

Gewinne/Kosten

Stückgewinn: $g = p - k_{var} - \dfrac{kfix}{x}$ → Durchschnittsprinzip

Stückdeckungsbeitrag: $d = p - k_{var}$ → Verursacherprinzip

Relativer Stückdeckungsbeitrag: $d_{rel} = \dfrac{p-kvar}{m}$ m = Maschinenbeanspruchung

Gesamtgewinn: $G = (p - k_{var})*x - k_{fix}$

Kostenfunktion: Bsp. $500 + 6x$ oder $1,5x^2 - 15x + 10$, k_{fix}, k_{var}

Variable Stückkosten: $\dfrac{kvar}{x}$ z.B. $500 + 6x$ → $\dfrac{6x}{x}$

Gesamte Stückkosten / Durchschnittskosten: $\dfrac{Kostenfunktion}{x}$ z.B. $\dfrac{500+6x}{x}$

Grenzkosten: Ableitung der Kostenfunktion

Gesamtkosten: Stückmenge x in die Kostenfunktion einsetzen.

Materialverbrauch

Retrograde- / Rückrechnungsmethode:

Erzeugnismenge x * Stoffverbrauch pro ME (Einzelteile) → Sollverbrauch

Skontrations- / Fortschreibungsmethode:

Summe aller Abgänge (Σ Abgänge) → Istverbrauch

Inventurmethode / Bestandsrechnung:

Endbestand = Anfangsbestand + Zugänge – Abgänge

Abgänge = Anfangsbestand + Zugänge – Endbestand → Istverbrauch

Wertmäßiger Verbrauch gleitende Durchschnittspreise:
-   Neue Bestandspreise nach jedem Zugang/Abgang neu berechnen
-   Dann Summe aller Abgangswerte/-preise berechnen

Wertmäßiger Verbrauch gewogene Durchschnittspreise:
-   Perioden Durchschnittspreis berechnen: $\dfrac{\Sigma\,(\text{Beschaffte Menge} * \text{bezahlter Preis pro ME})}{\Sigma\,(\text{Beschaffte Menge})}$
-   Ergebnis des Periodendurchschnittspreises mal der verbrauchten Menge

Differenz zwischen Soll-GK und IST-GK, Ermittlung der Ausbringungsmenge x, bei welcher die Soll-GK erreicht werden:

Balance der Kosten berechnen: $K_{Soll} = K_{IST}$, dabei ergibt sich die gesuchte Ausbringungsmenge (Stückzahl) x

Fertigungslohn / Fertigungsgemeinkosten (FGK):

Lohnfortzahlung im Krankheitsfall zählt zu den FGK
Kostenrechnung betrifft nur den gewerblich genutzten Anteil an Gesamteinkünften /-steuern!
Dieser Anteil muss berechnet werden: $\frac{gewerblich\ genutzt}{gesamt}$ = gewerblicher Anteil

Abschreibungen

Lineare Abschreibung: Abschreibungsbetrag a $= \frac{A}{n} = \frac{Anschaffungsbetrag}{Nutzungsdauer}$

Restbuchwert $R_t = A - t*a$

Berichtigung: Vollständige Abschreibung unter Berücksichtigung der neuen Nutzungsdauer.

$a_{neu} = \frac{Rt}{n(neu)-t}$

Neuberechnung: Korrekte Abschreibung mit dem Abschreibungsbetrag der neuen Nutzungsdauer.

$a_{neu} = \frac{A}{n(neu)}$

Von Brutto auf Netto:

$\frac{Bruttobetrag}{1,19}$ (bei 19% MWSt)

Arithmetisch degressive / digitale Abschreibung:

Degressionsbetrag D $= A * \frac{2}{n*(n+1)}$

Abschreibungsbetrag der jeweiligen Periode $a_t = D*(n - t + 1)$

Geometrisch degressive Abschreibung:

Abschreibung mittels eines festgelegten prozentualen Abschreibungssatzes d.

$a_1 = d * A$ (Anschaffungsbetrag)

$a_2 = d * R_1$ (Restbuchwert aus Periode 1)

$a_3 = d * R_2$ (Restbuchwert aus Periode 2)

usw.

➔ Der Abschreibungsbetrag sinkt also von Periode zu Periode kontinuierlich mit dem Restbuchwert. Der Abschreibungsprozentsatz d bleibt immer konstant!

Ermittlung von d: d = 1 - $\sqrt[t]{\frac{R(t)}{A}}$

Kalkulatorische Zinsen:

Durchschnittswertverzinsung / durchschn. gebundenes Kapital =
$\frac{AB+EB \ (der \ gesamten \ Nutzungsdauer)}{2}$ * Zinssatz

Restwertverzinsung = $\frac{AB+EB \ (In \ der \ jeweiligen \ bzw. gesuchten \ Abschreibungsperiode)}{2}$ * Zinssatz

Geimeinkosten/Fehler/Schwunde etc.

Kalkulationssatz: $k_1 = \frac{Gemeinkosten \ der \ Kostenstelle \ 1 \ (GK \ 1)}{\Sigma \ der \ Bezugsgrößen \ von \ Kostenstelle \ 1}$ analog für k_2

Relativer Fehler (in %): $f_1 = \frac{|k(1+2) - k(1)|}{k(1)}$ analog für $f_2 = \frac{|k(1+2) - k(2)|}{k(2)}$

Absoluter Fehler (in Zahlen): Wie relativer Fehler, nur nicht mehr durch k_1 oder k_2 teilen.

Gesamtvermögen: Alles außer Verbindlichkeiten (FK) → siehe Seite 11 hinten

Betriebsnotwendiges Vermögen: Gesamtvermögen – betriebsfremdes Vermögen

Kalkulatorisches Beständewagnis (durchschnittlicher Schwund):

Durchschnittlicher Schwund = $\frac{\Sigma \ der \ Schwunde}{\Sigma \ der \ Sollbestände}$ oder Dreisatz: Σ der Bestände = 100%

Σ der Schwunde = x%

→ $\frac{\Sigma \ der \ Schwunde * 100}{\Sigma \ der \ Bestände}$ = Durchschnittlicher

Schwund in %

Mehr-/Minderkosten bzw. Unter-/Überdeckung der GK: Normal GK (Soll) – IST GK

Gemeinkostenzuschlagssatz: $\frac{GK}{Basis}$ → GK = Gemeinkostenzuschlagssatz * Basis

Basis ist angegeben oder bei Verwaltung und Vertrieb sind die Herstellkosten (HK) die Basis.
Herstellkosten HK = FEK + FGK + MEK + MGK

Betriebsabrechnungsbogen (BAB)

Gleichungsverfahren:

Ermittlung des Verrechnungspreises am Beispiel der Vorkostenstelle Dampf:

Σ der gesamten Leistungsabgabe an alle Vorkostenstellen und Endkostenstellen*p_{Dampf} =
= Primäre Gemeinkosten + empfangene Leistungen*$p_{der \ jeweils \ empfangenen \ Leistungen}$

→ Danach alles untereinander und auf eine Seite bringen und die Determinanten D
ausrechnen (Mit der Regel von Sarrus).

→ Verrechnungspreis = $\frac{D(n)}{D}$ = $\frac{D \ (Dampf)}{D}$

Verursachungsgerechte Verteilung der primären GK auf andere Kostenstellen anhand einer

BAB Tabelle: $\dfrac{Gesamtbetrag}{\Sigma\ der\ Werte\ der\ jeweiligen\ Kostenstellen}$ * Wert der jew. KSt

Entspricht $\dfrac{GK}{\Sigma\ Basis/Bezugsgrößen}$ = Gemeinkostenzuschlagssatz

Treppenverfahren:

- Zuerst Vorkostenstellen ordnen, beginnend mit nur abgebender, endend mit nur empfangender Vorkostenstelle.
- Verrechnungspreis =
$$\dfrac{Primäre\ GK + sek.GK\ aus\ vorgelagerten\ Kostenstellen\ (VP\ der\ vorgelagerten\ KSt * Leistungsaufnahme)}{Leistung\ an\ nachgelagerte\ Kostenstellen\ (Vor-\ und\ Endkostenstellen)}$$
- Danach mit Verrechnungspreisen * Leistungsaufnahmen die BAB Tabelle auffüllen. Die bereits verrechneten Kostenstellen werden abgezogen und müssen hierbei dann auf 0 kommen.

Anbauverfahren:

Verrechnungspreis = $\dfrac{Primäre\ GK}{Leistungsabgabe\ nur\ an\ Endkostenstellen}$

Allgemein beim BAB: Umlage = Verrechnungspreis * empfangene Leistung

→ empfangene Leistung = $\dfrac{Umlage}{Verrechnungspreis}$

Bestandsbewertungen

Addierende mehrstufige Divisionskalkulation:

1. Stufe $\dfrac{Kosten\ Stufe\ 1}{Produzierte\ Menge\ Stufe\ 1}$ = Preis pro Stück 1. Stufe

→ Produzierte Menge St. 1 – Eingesetzte Menge der nächsten Stufe = Unfertige Erzeugnisse
→ Diese unfertigen Erzeugnisse werden mit dem Preis pro Stück der 1. Stufe bewertet (multipliziert)

2. Stufe Preis pro Stück der 1. Stufe + $\dfrac{Kosten\ Stufe\ 2}{Produzierte\ Menge\ Stufe\ 2}$ = Preis pro Stück 2. Stufe

→ Produzierte Menge St. 2 – Eingesetzte Menge der nächsten Stufe = Unfertige Erzeugnisse
→ Diese unfertigen Erzeugnisse werden mit dem Preis pro Stück der 2. Stufe bewertet (multipliziert)

3. Stufe Preis pro Stück der 2. Stufe + $\dfrac{Kosten\ Stufe\ 3}{Produzierte\ Menge\ Stufe\ 3}$ = Preis pro Stück 3. Stufe

→ Produzierte Menge St. 3 – Eingesetzte Menge der nächsten Stufe = Unfertige Erzeugnisse
→ Diese unfertigen Erzeugnisse werden mit dem Preis pro Stück der 3. Stufe bewertet (multipliziert)

Usw.

→ Nicht verkaufte fertige Erzeugnisse werden abschließend mit dem Preis pro Stück der letzten Stufe bewertet (multipliziert).
→ Hierzu werden noch alle Werte der unfertigen Erzeugnisse addiert.
→ Somit ergibt sich der Wert aller noch vorhanden (fertigen und unfertigen) Erzeugnisse.
→ Eventuelle Vertriebs- und Verwaltungskosten werden nicht berücksichtigt, da diese bei den unverkauften Beständen noch nicht anfallen.

Durchwälzende **mehrstufige Divisionskalkulation:**

1. Stufe $\dfrac{Kosten\ Stufe\ 1}{Produzierte\ Menge\ Stufe\ 1} = $ Preis pro Stück 1. Stufe

2. Stufe $\dfrac{Eingesetzte\ Menge\ Stufe\ 2 * Preis\ pro\ Stück\ Stufe\ 1 + Kosten\ Stufe\ 2}{Produzierte\ Menge\ Stufe\ 2} = $ Preis pro Stück 2. St.

3. Stufe $\dfrac{Eingesetzte\ Menge\ Stufe\ 3 * Preis\ pro\ Stück\ Stufe\ 2 + Kosten\ Stufe\ 3}{Produzierte\ Menge\ Stufe\ 3} = $ Preis pro Stück 3. St.

→ Bei verkauften Erzeugnissen fallen die Verwaltungs- und Vertriebskosten an, diese werden durch die verkaufte Menge geteilt und dem Preis pro Stück der letzten Abrechnungsperiode hinzuaddiert.
→ Dieser Gesamtpreis wird mit der verkauften Menge multipliziert um den Bestandswert aller fertigen verkauften Erzeugnisse zu erhalten.

Herstellkosten beziehen sich immer auf die produzierte Menge
Verwaltungs- und Vertriebskosten beziehen sich immer auf die abgesetzte/verkaufte Menge

Zweistufige Divisionskalkulation:

$\dfrac{Herstellkosten}{Produzierte\ Menge} + \dfrac{Verwaltungs-\ und\ Vertribskosten}{Abgesetzte\ bzw.Verkaufte\ Menge} = $ Selbstkosten pro Stück

Herstellkosten pro Stück, Verwaltungs- und Vertriebskosten pro Stück

Mehrstufige Divisionskalkulation:

$\dfrac{Herstellkosten\ auf\ Maschine\ A}{Produzierte\ Menge\ auf\ Maschine\ A} + \dfrac{Herstellkosten\ auf\ Maschine\ B}{Produzierte\ Menge\ auf\ Maschine\ B} + \dfrac{Verwaltungs-\ und\ Vertriebskosten}{Abgesetzte\ bzw.Verkaufte\ Menge}$

= Selbstkosten pro Stück

- → Gäbe es Maschine C, D usw. würde nach demselben Verfahren weiter addiert. Wichtig ist, darauf zu achten, welche Menge auf der jeweiligen Maschine eingesetzt bzw. produziert wird.
- → Bei den Verwaltungs- und Vertriebskosten ist darauf zu achten, ob noch Bestände aus Vorperioden abgesetzt/verkauft werden. Denn dann kommen diese noch im Nenner dazu!
- → Die Lagerbestände werden abschließend mit den Herstellkosten pro Stück nach den jeweiligen Maschinen bewertet. z.B. Bewertung des Lagerbestandes nach Maschine B: $(\text{HK/Stück}_{\text{Maschine A}} + \text{HK/Stück}_{\text{Maschine B}}) * \text{Lagerbestand nach Maschine B}$

Äquivalenzziffernkalkulation

1. Kosten der Einheitssorte berechnen $= \dfrac{Gesamtkosten}{\Sigma\,(\ddot{A}quivalenzziffer\,*zugeh\ddot{o}rige\,Produktionsmenge)}$

   → Die Summe von Äquivalenzziffer*Produktionsmenge von allen produzierten Sorten/Gütern muss im Nenner stehen.

2. Stückkosten einer bestimmten Sorte =
   = Äquivalenzziffer der Sorte * Kosten der Einheitsgröße

3. Gesamtkosten einer bestimmten Sorte =
   = Stückkosten der Sorte * Produzierte Menge der Sorte

- → Sind die Gesamtkosten aufgesplittet und es gibt Äquivalenzziffern für jeden Teil der Gesamtkosten, so werden die Stückkosten wie in Schritt 1. + 2. mit den jeweils zugehörigen Größen berechnet und am Ende diese Teilstückkosten addiert um die gesamten Stückkosten zu erhalten (siehe Aufgabe 37).

Zweistufiges Äquivalenzziffernkalkulationsverfahren:

$$\text{StückSelbstkosten}_{\text{Produkt1}} =$$

$$\frac{Gesamtherstellkosten}{(Produzierte\ Menge1*\ddot{A}Z\ Produktion\ Produkt1)+(Produzierte\ Menge2*\ddot{A}Z\ Produktion\ Produkt2)} * \ddot{A}Z_{\text{Prod1}} +$$

$$+\frac{Gesamtkosten\ Verwaltung\ und\ Vertrieb}{(Abgesetzte\ Menge1*\ddot{A}Z\ Verw.undVertr.1)+(Abgesetzte\ Menge2*\ddot{A}Z\ Verw.undVertr.2)} * \ddot{A}Z_{\text{Verw.undVertr.1}}$$

$$\text{StückSelbstkosten}_{\text{Produkt2}} =$$

$$\frac{Gesamtherstellkosten}{(Produzierte\ Menge1*\ddot{A}Z\ Produktion\ Produkt1)+(Produzierte\ Menge2*\ddot{A}Z\ Produktion\ Produkt2)} * \ddot{A}Z_{\text{Prod2}} +$$

$$+\frac{Gesamtkosten\ Verwaltung\ und\ Vertrieb}{(Abgesetzte\ Menge1*\ddot{A}Z\ Verw.undVertr.1)+(Abgesetzte\ Menge2*\ddot{A}Z\ Verw.undVertr.2)} * \ddot{A}Z_{\text{Verw.undVertr.2}}$$

➔ In diesen Gleichungen kann beliebig nach verschiedenen Größen (z.B. Produzierte Menge1, Abgesetzte Menge2, Gesamtherstellkosten etc.) umgestellt und aufgelöst werden.

Differenzierende Zuschlagskalkulation:

1. Zuschlagssätze für alle Kostenstellen nach der bekannten Formel
   $Zuschlagssatz = \frac{Gemeinkosten}{Basis\ (Einzelkosten)}$ berechnen. Basis für Verwaltungs- und Vertriebskosten sind wie immer die Herstellkosten (MEK+MGK+FEK+FGK).
2. Berechnung der Selbst- oder Herstellkosten für ein bestimmtes Produkt oder einen bestimmten Auftrag = Summe aller Einzelkosten und Gemeinkosten für dieses Produkt (GK berechnet durch jeweilige Zuschlagssätze * jeweilige Einzelkosten für das Produkt)
   ➔ Der Zuschlag für die Verwaltungs- und Vertriebskosten kommt auf die Herstellkosten dieses Produktes/Auftrages.

Summarische mehrstufige Zuschlagskalkulation:

➔Funktioniert wie die differenzierende Zuschlagskalkulation!
➔Erst Zuschlagssätze berechnen, dann Einzelkosten + Gemeinkosten (Einzelkosten*Zuschlagssatz) für alle Kostenstellen des gefragten Produktes/Auftrages addieren

➔ Ist die Maschinenlaufzeit die Basis für die GK einer Fertigungsstelle, so muss erst der Maschinensatz berechnet werden!